Learn 'n' Enjoy

ALPHABETS

Published By

DISCOVERY PUBLISHING HOUSE PVT. LTD.

4383/4 - A, ANSARI ROAD, DARYA GANJ,
NEW DELHI - 110002 (INDIA)
TEL : +91-11-23279245 / 43596064 / 43596065
FAX : +91-11-23253475
E-MAIL : parul.wasan@gmail.com
info@discoverykidz.in
WEB :- www.discoverykidz.in

AF730036

A

A FOR APPLE

B

B FOR BUTTERFLY

A B C D E F G H I J K L M N O P Q R S T U V W X Y Z

C

C FOR CAT

D

A B C D E F G H I J K L M N O P Q R S T U V W X Y Z

D FOR DOLL

E

E FOR ELEPHANT

F

F FOR FISH

A B C D E F G H I J K L M N O P Q R S T U V W X Y Z

G

G FOR GRAPES

H

H FOR HORSE

A B C D E F G H I J K L M N O P Q R S T U V W X Y Z

I

I FOR ICE-CREAM

J

J FOR JUGGLER

K

K FOR KANGAROO

L

L FOR LION

A B C D E F G H I J K L M N O P Q R S T U V W X Y Z

M

M FOR MONKEY

N

N FOR NEST

O

O FOR OWL

P

P FOR PEACOCK

A B C D E F G H I J K L M N O P Q R S T U V W X Y Z

Q

Q FOR QUEEN

R

R FOR RABBIT

A B C D E F G H I J K L M N O P Q R S T U V W X Y Z

S

S FOR SHIP

T

T FOR TIGER

A B C D E F G H I J K L M N O P Q R S T U V W X Y Z

U

U FOR UMBRELLA

V

V FOR VOLCANO

W

W FOR WATCH

X

X FOR XYLOPHONE

Y

Y FOR YAK

Z

Z FOR ZEBRA

A B C D
E F G H
I J K L
M N O P
Q R S T
U V W X
Y Z